ÉLOGE

DE

C.-P. DENONVILLIERS

Membre fondateur et ancien Président de la Société de chirurgie
Professeur à la Faculté de médecine de Paris
Chirurgien de l'hôpital de la Charité
Inspecteur général de l'Université pour l'ordre de la médecine
Membre de l'Académie de médecine, membre de la Société anatomique
Commandeur de la Légion d'honneur

PRONONCÉ LE 14 JANVIÉR 1874

DANS LA SÉANCE ANNUELLE DE LA SOCIÉTÉ DE CHIRURGIE DE PARIS

PAR

LE DOCTEUR FÉLIX GUYON

SECRÉTAIRE GÉNÉRAL

Extrait de L'UNION MÉDICALE (Troisième série)
Janvier et Février 1874

ÉLOGE

DE

CHARLES-PIERRE DENONVILLIERS

MESSIEURS,

Chaque année, en donnant à ceux de nos collègues qui ne sont plus, un affectueux souvenir, la Société de chirurgie obéit à un sentiment qui, dès l'antiquité, a valu aux morts des éloges publics. Le récit d'une vie bien remplie, le simple exposé des services rendus, des travaux accomplis, donne toute satisfaction à ce sentiment pieux. Cette narration fidèle est, en effet, le véritable éloge des hommes que le travail a fait grandir et que la pensée du devoir a constamment soutenus.

C'est aussi l'un des meilleurs moyens de servir les intérêts de notre Société, que de ne pas perdre la tradition des travaux et des exemples que nous laissent ceux qui ont marché à notre tête et ceux qui succombent à nos côtés.

» Rien n'est si contagieux que l'exemple, et nous ne faisons jamais de grands biens ni de grands maux qui n'en produisent de semblables. Nous imitons les bonnes actions par émulation, et les mauvaises par la malignité de notre nature que la honte retenait prisonnière, et que l'exemple met en liberté (1). »

La vérité puissante de ces réflexions empruntées à l'un des écrivains dont s'honore le plus notre littérature française, n'est-elle pas démontrée par le sentiment que fait naître la lecture de la vie des hommes qui ont été l'honneur de leur profession ? Qui de nous ne s'est senti meilleur, plus porté à bien faire, plus en état de résister à la lutte, plus disposé à accomplir

(1) La Rochefoucauld. *Réflexions morales*, § 130.

de pénibles sacrifices, après avoir médité la vie des maîtres auxquels notre art doit le prestige qu'il exerce à si juste titre?

Ces sentiments qui élèvent, ne les avons-nous pas éprouvés plus vivement peut-être, en méditant la mort de ces jeunes collègues qui, sans avoir mesuré la grandeur de la tâche aux forces dont ils pouvaient disposer, ont succombé en pleine activité? L'ardeur intellectuelle qui les avait engagés dans la lutte, conquiert du moins à leurs noms le pur éclat que la vérité scientifique reflète sur ceux qui la poursuivent ou la répandent.

A celui auquel votre bienveillante et amicale estime confie le soin de propager la contagion salutaire de l'exemple, en racontant la vie de nos collègues, il faudrait l'heureuse inspiration qui a guidé ses prédécesseurs et leur a permis de caractériser par des traits fermes et concis, sans louange banale, ceux dont ils avaient à vous entretenir. Je ne puis me rassurer qu'en songeant combien, dans cette enceinte, reste vivant et animé le souvenir de tous ceux qui ont partagé les travaux de notre Société. Vous saurez facilement suppléer à ce que je n'aurai pas su dire; mais, si je ne puis les exprimer, je comprends toutes les pensées qu'éveillent en vous nos deuils anciens et les deuils successifs qui nous ont plus récemment atteints.

En bien peu de temps nous venons de perdre M. Denonvilliers, à la mémoire duquel nous consacrons cette séance, MM. Huguier et Nélaton.

Lorsque les chirurgiens éminents dont je viens de prononcer les noms nous furent enlevés, peu de mois nous séparaient encore du moment où notre collègue Liégeois avait disparu de nos rangs de la façon la plus rapide et la plus imprévue, dans toute la force de l'âge et dans la pleine expansion de son activité intellectuelle.

Liégeois, nous le savons tous, n'avait dû qu'au plus opiniâtre labeur sa position de chirurgien d'hôpital, d'agrégé de la Faculté et son titre de membre de la Société de chirurgie. Les événements venaient de montrer qu'il savait faire servir au dévouement une ardeur jusqu'alors consacrée au travail. Enfermé pendant la guerre dans Metz assiégé, il avait, à son retour, voulu donner aux blessés de Paris, pendant la douloureuse et sinistre période de la Commune, les soins généreusement prodigués aux soldats qui tombèrent avec tant de gloire dans cette mémorable série de batailles, grâce auxquelles nous pûmes un moment penser que la France n'était pas encore vaincue. La mort surprenait notre collègue le 17 mai 1871, sans que la maladie l'eût prévenu un seul instant de son approche; Liégeois succombait en quelques moments à une apoplexie vraiment foudroyante. Comment ne pas se demander si cette fin prématurée n'a pas été la conséquence des fatigues affrontées sans ménagement et de ces tortures morales qu'ont dû subir, plus encore que tous, ceux qui avaient vu, comme Liégeois, leur pays natal au plus épais de l'invasion (1)?

Cette année, Messieurs, notre première séance a été une séance de deuil. Le 15 janvier, la Société de chirurgie adressait les derniers adieux à M. Huguier, l'un de ses membres fondateurs et l'un de ses anciens présidents. C'est avec un véritable sentiment de reconnaissance que nous rappelions, dès lors, les remarquables travaux spécialement écrits par notre collègue pour la Société de chirurgie. J'ai pu dire en votre nom que M. Huguier était l'un des hommes qui avaient le plus constamment consacré à notre Compagnie son activité et son

(1) Liégeois est né à Étain (Meuse), le 21 mars 1830.

talent chirurgical. Vous venez d'apprendre qu'une intelligente et très-généreuse libéralité sera le perpétuel témoignage des sentiments qui l'animaient à notre égard (1). C'est avec regret que je renonce à vous exposer, dès cette année, la vie scientifique de notre collègue; elle est de celles dont la place est marquée à l'avance dans vos publications.

Je voudrais, que bientôt nous puissions y lire aussi, l'histoire de la vie chirurgicale de l'illustre collègue dont la perte, encore bien récente, a eu, comme sa vie elle-même, un si grand retentissement. M. Nélaton portait un de ces noms qui s'imposent à tous et que tous connaissent. Ces noms, lorsqu'ils sont nés dans le terrain scientifique, et y ont pris leur plein développement avant d'arriver à la renommée populaire, jettent sur l'art auquel ils appartiennent un éclat qui devient un honneur pour la profession tout entière. M. Nélaton était arrivé à cet égard à un si haut degré, que l'on peut en toute vérité dire, en parlant de sa pratique, ce que notre grand Ambroise Paré écrivait, à propos de lui-même, avec cette naïveté de pensée et de style qui est un des caractères de son génie : « Il ne se trouva cure, tant grande et difficile fût-elle, où sa main et son conseil n'eussent été requis (2). »

M. Denonvilliers fut le contemporain et l'émule de MM. Huguier et Nélaton; une amitié de tous les moments l'a étroitement uni à ce dernier. Nous ne nous séparons pas des deux éminents collègues dont nous venons d'évoquer le souvenir, en commençant l'étude de la vie et des travaux de M. Denonvilliers.

Charles-Pierre Denonvilliers est né à Paris le 4 février 1808. Il appartenait à une ancienne famille de robe, originaire de la Champagne. C'est à Verneuil-sur-Oise, petit village voisin de Creil, que devait s'écouler son enfance. Il y fut apporté, dès le second jour de sa vie, et confié à son grand-père, ancien greffier au Châtelet avant la Révolution, et à sa grand'mère. L'aïeul de M. Denonvilliers vivait dans la retraite à Verneuil; il avait eu le bonheur d'échapper au tribunal révolutionnaire, qui ne se piquait cependant pas de grandes sympathies pour les membres des anciennes juridictions régulières. Le séjour à la campagne lui avait également permis de déjouer les prévisions des médecins qui l'avaient envoyé à Verneuil pour y finir ses jours. Il les y continua si bien qu'il passa plus de trente ans dans ce pays et put y atteindre l'âge de 93 ans; il reposait son esprit en s'adonnant aux fatigues des champs, et ne craignit pas, dans son instinctive confiance, de planter de ses propres mains un bois, sous les ombrages duquel il put voir grandir son petit-fils.

La vie des champs ne convenait pas moins au petit-fils qu'à l'aïeul; M. Denonvilliers y acquérait cette santé robuste, qui lui permit si longtemps de résister sans fatigue apparente aux labeurs de sa brillante carrière. Son premier maître fut le curé de Verneuil, l'abbé Chartron, homme fort instruit, versé dans toutes les langues, et en particulier dans les langues anciennes. C'est près du maître des premières années, près de celui qui présida aux précoces manifestations de sa jeune intelligence, que notre collègue prit le goût de la langue latine qu'il conserva toute sa vie. La lecture des grands maîtres de la belle époque de la latinité

(1) Madame Huguier, pour répondre aux sentiments souvent exprimés par son mari, vient de léguer à la Société de chirurgie une rente annuelle de mille francs.

(2) Amb. Paré. *OEuvres complètes*, t. III, page 687. Édit. Malgaigne.

resta un des délassements favoris de M. Denonvilliers ; en leur donnant ses moments de loisir, il pensait sans doute à ce que Boileau dit avec tant de vérité de la lecture d'Homère :

« C'est avoir profité que de savoir s'y plaire. »

Il fallut cependant revenir dans la grande ville où se préparent les jeunes intelligences et se développent les grands talents. L'expérience ne fut pas heureuse tout d'abord ; l'air pur faisait encore trop défaut au jeune élève de Louis-le-Grand, et le collége de Versailles dut remplacer le collége de Paris. Pendant les quatre années passées à Versailles, de 1820 à 1824, l'éducation de M. Denonvilliers se continua de la façon la plus brillante ; cette période de sa vie fut une de celles dont il garda le meilleur souvenir (1). Mais Paris réclamait encore une fois M. Denonvilliers, et ne devait plus lui permettre de se soustraire à ses multiples exigences. Elles naissent pour ainsi dire sous les pas des hommes d'intelligence et de travail ; elles les assimilent si entièrement au mouvement de ce grand centre scientifique qu'ils lui appartiennent jusqu'à la fin de leur carrière. Le mirage des premières années revient souvent dans les jours de fatigue et dans les moments de découragement ; les grands bois, l'existence pleine d'insouciance et de liberté se représentent à l'esprit : on se souvient que la vie peut être plus longue et les heures plus lentes, mais l'on demeure, non sans satisfaction, dans ce milieu où l'on use, mais où l'on emploie ce que l'on possède d'intelligence et de force.

C'est à Sainte-Barbe-Nicole, aujourd'hui collége Rollin, que M. Denonvilliers vint terminer ses études. Fidèle à ses goûts littéraires, il y redoubla sa rhétorique. Tous ceux qui l'ont connu dans cette période de sa vie, se rappellent la grande facilité qui le distinguait entre tous. Non content de faire ses devoirs, il travaillait souvent à ceux de ses camarades, seulement il travaillait à ses heures et à sa manière ; les punitions ne lui manquaient pas, mais il prenait sa revanche en remportant la plupart des prix.

Le choix d'une carrière ne semblait pas de nature à embarrasser le jeune Denonvilliers ; il avait été prévu. L'École polytechnique était le but qu'on lui avait offert ; il devait s'y présenter. Le père de M. Denonvilliers s'occupait des mines de plomb argentifère de Villefort, et avait eu la pensée de faire de son fils l'ingénieur de cette exploitation. Mais, à l'époque où finisssaient les études de M. Denonvilliers, son père changea d'avis et dut presque exiger que notre futur collègue commençât ses études médicales.

Ce furent donc les conseils et la volonté paternels qui, seuls, engagèrent M. Denonvilliers dans la voie qu'il devait si brillamment parcourir. On aime à retrouver dans la vie des hommes qui se sont distingués la raison qui les a déterminés dans le choix de leur carrière, à surprendre et à constater les indices de ce que l'on appelle une vocation. Il serait peut-être facile de montrer par plus d'un exemple qu'il n'est guère d'autre vocation que celle du travail, et que ceux-là y sont fidèles qui ont la volonté et le besoin de parvenir.

Inscrit en 1826 à la Faculté de médecine de Paris, M. Denonvilliers se rangeait bientôt dans cette catégorie d'étudiants que le concours attire. Dès les premiers pas, il songeait à se préparer à ces luttes publiques qui, bientôt, permettent de distinguer l'élève dont les

---

(1) M. Denonvilliers faisait partie de l'Association des anciens élèves du lycée de Versailles ; il en fut le président, et, plus d'une fois, prit la parole dans les réunions annuelles.

premières années d'études ont été laborieuses. Le succès devait répondre à cette jeune et saine ambition; le concours de 1829 mettait M. Denonvilliers au nombre des externes des hôpitaux de Paris, et, dès 1830, l'externe de première année, l'étudiant qui achevait à peine sa quatrième année d'études, obtenait le prix unique de l'externat, et devenait élève interne.

Permettez-moi, Messieurs, de m'arrêter un moment à cette époque de la vie de M. Denonvilliers. Aucun de vous n'a oublié ce sentiment profond de joie, de satisfaction, d'estime, de contentement de soi-même, de toute cette expansion des généreuses ardeurs qui, quoi qu'on dise, remplissent l'âme humaine; elles débordent du cœur, le jour trois fois heureux où l'on devient interne des hôpitaux ! M. Denonvilliers n'en perdit jamais le souvenir. Aussi, trente-trois ans plus tard, acceptait-il avec une véritable satisfaction la présidence perpétuelle des réunions annuelles de l'internat. Parvenu au plus haut rang, il était heureux de se sentir ramené en arrière, de se revoir en quelque sorte à ce point de départ, d'où son fils s'apprêtait alors à marcher vers l'avenir.

Dans ces réunions qui, chaque année, célèbrent en février la fondation de l'internat, en rappelant que son institution régulière et définitive date du 4 ventôse an IX (19 février 1802), M. Denonvilliers aimait à faire ressortir la féconde utilité de ces fonctions, que le concours accorde à l'élite de nos Écoles. Il voulut davantage, et il obtint que l'internat eût, selon l'expression qu'il aimait à employer, son *livre d'or*; la fondation de l'*Annuaire* de l'internat des hôpitaux de Paris fut l'affirmation de ce désir. Dans la Préface de ce livre, M. Denonvilliers écrivait ce que déjà il avait proclamé avec toute justice dans son discours de 1863 :

« L'internat, disait-il, constitue, dans son apparente modestie, une des plus belles et des plus utiles de nos institutions médicales. Il est, en effet, devenu, dès sa création, et il est resté depuis, une excellente école de savoir et de dévouement professionnels, où la jeunesse puise à la fois le besoin et le goût des études sérieuses, où se développent le sens pratique, l'esprit d'observation et d'application, en même temps que les sentiments d'humanité et de moralité, où l'on n'entre que par l'étude et où l'on ne se soutient honorablement que par le travail, d'où l'on ne sort qu'avec l'habitude et le désir de bien faire. »

M. Denonvilliers ne manquait pas de remarquer que l'internat est une institution toute française ; nous ne saurions l'oublier, car il dépend de chacun de nous de le fortifier, de l'étendre et de le diriger, en ayant à la fois pour mobiles le sentiment de l'humanité et celui de l'honneur scientifique de notre pays.

M. Denonvilliers était devenu interne à l'une des époques les plus émouvantes de l'histoire de la Faculté de médecine de Paris. Le tableau en a été tracé par lui-même dans l'Éloge de Blandin prononcé à la séance de rentrée de l'École, le 5 novembre 1849 (1). Un grand acte de réparation s'accomplit alors : les professeurs chassés de leurs chaires en 1822 furent rappelés et réintégrés dans leurs fonctions. Mais la mort avait fait des victimes, et, parmi les survivants, plusieurs avaient vieilli, et préférèrent au laborieux honneur de l'enseignement le repos et les doux loisirs. Plusieurs chaires étaient vacantes ; le concours qui avait été à peine employé et qui avait cependant donné à la Faculté Dupuytren et Désormeaux, fut rétabli sous la

----

(1) Denonvilliers. *Éloge* de Blandin, page 9.

pression de l'opinion publique, sous l'influence de ce que M. Denonvilliers appelle l'esprit d'indépendance et de justice, et d'après les vœux les plus formels des intéressés eux-mêmes.

Cette brillante époque, où se pressait dans des luttes retentissantes l'épaisse phalange de « ces hommes d'élite qui formaient la réserve de vingt générations médicales, et se relevaient « plus courageux et plus forts après chaque concours », devait vivement impressionner la jeunesse des hôpitaux. M. Denonvilliers suivit avec entraînement la voie du concours, où l'appelaient ses aptitudes. On peut, comme il l'écrivait, en faisant revivre la physionomie de célèbres concurrents, dire que, s'il eut de très-rares insuccès, il n'eut jamais d'échec. Il est, en effet, peu d'exemples d'une carrière aussi brillamment et aussi rapidement parcourue ; dès l'année 1846, M. Denonvilliers disputait et obtenait la chaire d'anatomie laissée vacante par la mort de Breschet : il n'avait pas 39 ans.

Cette période de sa vie est une de celles qui fournissaient souvent le sujet de ses entretiens ; il rappelait volontiers qu'il avait pris part à dix-sept concours. Il en a lui-même tenu note, et l'étude de ces documents nous apprend que, de l'année 1829 à l'année 1841, pas une ne s'écoula sans épreuve. Chacune de ces luttes avait mis de plus en plus en relief les qualités de M. Denonvilliers. La netteté de son esprit l'amenait à s'attacher aux côtés les plus utiles des questions qu'il traitait, la sûreté de sa mémoire lui en faisait facilement retrouver les détails, et la méthode qui le guidait pour l'exposition de tous les points de son sujet, permettait de l'écouter sans fatigue, de le suivre sans effort.

Ce ne furent pas seulement ses qualités de concurrent déjà habile dans l'art de professer que notre collègue affirmait ainsi d'année en année. Des épreuves toutes spéciales, auxquelles se soumettent ceux qui se préparent à l'exercice de la chirurgie, avaient révélé chez M. Denonvilliers une très-rare habileté de la main. Les pièces anatomiques, préparées de 1834 à 1837 pour ses quatre concours de prosecteur, sont restées célèbres. La plupart de ces belles et très-nombreuses préparations sont au Musée de la Faculté, où elles figurent encore parmi les plus remarquables et les mieux conservées.

A l'époque où M. Denonvilliers se livrait à ce genre de travaux anatomiques, l'art des préparations sèches, qu'il portait de suite à un si haut degré de perfection, était encore dans l'enfance. Les encouragements les plus flatteurs furent donnés au jeune anatomiste, et une grande notoriété lui fut justement acquise.

Les recherches anatomiques si précieuses, que permet l'emploi des verres grossissants et des réactifs, n'ont pas fait oublier aux générations qui se succèdent dans la trop modeste École pratique de la Facuté, l'importance de ces grandes habiletés du scalpel et de la scie. Aujourd'hui, il n'est pas moins juste qu'autrefois de reconnaître la part de mérite acquise aux hommes qui ont fait aimer et étudier avec plus d'ardeur l'anatomie descriptive et chirurgicale, en permettant d'admirer les chefs-d'œuvre qu'elle produisait dans leurs mains. La Société de chirurgie doit y attacher d'autant plus de prix, que c'est à plusieurs de ses membres fondateurs qu'a été due à cette époque la grande notoriété de notre école anatomique.

En 1841, M. Denonvilliers obtenait la place de chef des travaux anatomiques, à la suite du concours ouvert pour remplacer Blandin, qui venait de conquérir la chaire d'opérations et appareils. Il était plus intimement encore attaché à l'École pratique ; bien que déjà agrégé de la Faculté et chirurgien du Bureau central, ce fut à ces nouvelles et importantes fonctions qu'il se consacra le plus complétement. L'enseignement de l'anatomie et des opérations l'avait déjà compté au nombre de ses plus habiles vulgarisateurs depuis 1833; à partir de 1842, il devait continuer officiellement à l'École pratique, et, peu d'années après, à la Faculté, l'enseignement de l'anatomie.

Chef des travaux anatomiques, M. Denonvilliers ne contribuait pas seulement par son enseignement à la propagation et au progrès de l'anatomie. Chargé de l'inspection et de la direction supérieure des études dans les pavillons de l'École pratique, il montrait qu'aux aptitudes déjà mises en œuvre, il pouvait ajouter celle d'administrateur. C'est sur les conseils et sur les indications de M. Denonvilliers que furent adoptées par la Faculté diverses mesures relatives à l'assainissement des amphithéâtres de dissection et à la discipline intérieure.

La cause de l'anatomie a surtout été servie par M. Denonvilliers dans l'enseignement qu'il a fait à la Faculté, de 1846 à 1856 (1). La génération à laquelle j'appartiens est de celles qui s'asseyaient sur les bancs de l'École à l'époque où se donnaient ces leçons qui vulgarisaient avec tant de précision et de clarté la science de l'anatomie. Pour ceux qui écoutaient M. Denonvilliers, tout devenait simple et facile à comprendre. C'est à peine si l'on avait le sentiment de l'absence de la démonstration directe, tant la description était saisissante. Chacun de nous sait à quelles difficultés se heurte le professeur d'anatomie de la Faculté; seuls, les élèves les plus rapprochés de l'hémicycle où il se tient peuvent suivre, sur les pièces préparées, la description donnée par le maître. Le talent d'exposition et de démonstration dont M. Denonvilliers n'a cessé de faire preuve pendant ces dix belles années de son professorat, aplanissait toute difficulté.

Son principal mérite était de cacher son art, de paraître simple et naturel à force d'habileté. Les expressions étaient choisies et justes. Chaque chose était appelée par son nom, et chaque objet présenté sous son aspect le plus naturel et le plus vrai; tout était à sa place, et rien n'était oublié. M. Denonvilliers avait le culte de la précision dans le choix des termes et une sorte d'aversion pour toute liberté de langage qui l'eût conduit à ne pas employer, pour la désignation de chaque chose, la dénomination classique sous laquelle on doit la connaître et l'enseigner. Ce ne peut être qu'à cette méthode parfaite, à cette inexorable précision, qu'était due la merveilleuse lucidité de la description.

Il n'avait recours à nulle mise en scène, aucun effort n'était mis en œuvre. Sur la table se voyaient la préparation fraîche, quelques pièces sèches choisies dans le Musée par le professeur lui-même; près de la table le squelette traditionnel, qui assiste à tous les cours d'anatomie de l'École, tels étaient les seuls objets pour la démonstration. Debout dans l'hémicycle, sans gestes, ne faisant quelques pas que lorsqu'il devait se diriger vers le tableau, où sa main donnait, par un trait saisissant, l'explication graphique de la description entreprise; parlant avec cette facilité correcte qui semble exclure tout effort de voix, ne modifiant pas son intonation, mais arrivant cependant à retenir l'attention lorsque les difficultés spéciales du sujet la rendaient plus nécessaire, M. Denonvilliers demeurait, pendant toute la durée de la leçon, en pleine possession de son très-nombreux auditoire.

(1) Par suite de permutations, M. Denonvilliers a successivement occupé la chaire de pathologie chirurgicale en 1856 et celle d'opérations et appareils en 1865.

Certains sujets étaient traités avec prédilection dans ces cours, où le plus humble détail n'était jamais négligé. Les conditions de construction et de résistance du squelette, au crâne et à la face, les rapports et la texture des glandes salivaires, l'analyse et la comparaison des organes des sens, le parallèle des grandes membranes, l'anatomie des aponévroses en général, et en particulier celle des aponévroses de l'abdomen, des membres, du cou, du bassin, la loi de variation de longueur et de direction de la trompe d'Eustache, la description graphique de l'oreille interne : tels étaient les sujets que M. Denonvilliers aimait à aborder. Il les exposait avec une facilité surprenante, et il semblait, en l'écoutant, que, selon le système de Platon, ce qu'il disait ne fût qu'une réminiscence de ce que son âme avait su autrefois.

Ce n'était cependant pas sans grands efforts que M. Denonvilliers était arrivé à se perfectionner ainsi dans l'art de professer. Pour ceux qui l'ont connu pendant la période de sa vie où il concourait, le secret de cette grande habileté s'explique par le travail préparatoire auquel il se livrait avec la plus grande persévérance. C'est avec Aug. Bérard et avec Nélaton que M. Denonvilliers travaillait. Quoique plus jeune qu'Auguste Bérard, il lui rendait de grands services par son aptitude au classement méthodique des matériaux nécessaires à la préparation des épreuves. Très-épris du concours, il voulait arriver à s'y montrer supérieur, et avait entrepris, avec ses amis, d'en perfectionner la préparation.

On a souvent parlé d'un mode de préparation tout artificiel qui consiste à faire entrer dans un cadre bien approprié les sujets prévus des épreuves ; on le critique volontiers. Dans son éloge d'Auguste Bérard (1), M. Denonvilliers défend avec juste raison son ami d'avoir eu recours à ces moyens dans toute sa belle carrière ; ils n'ont jamais constitué, pour ces éminents chirurgiens, que leur éducation première et primaire de concurrent. En abordant les grands concours, dit M. Denonvilliers en parlant d'Auguste Bérard, il n'avait plus besoin de méthode artificielle, son esprit était méthodique. Rien n'est plus vrai. Mais n'est-ce pas à cette habitude prise par nos collègues, de soumettre à un classement méthodique chacune des connaissances qu'ils acquéraient dans leurs premières années de lutte, qu'ils durent de pouvoir plus tard si facilement classer, coordonner et exposer ce qu'ils avaient mission d'enseigner ? Nous pouvons, avec toute vérité, dire de M. Denonvilliers ce qu'il disait d'A. Bérard : « Son esprit était méthodique. » Cet esprit méthodique, que nous avons vu briller avec tant d'utilité dans son enseignement, nous le retrouvons à un même degré dans tous ses écrits. M. Denonvilliers était de ceux qui possèdent la bien rare qualité d'écrire et de parler avec la même justesse et la même netteté.

Son mérite d'écrivain se retrouve dans tout ce qu'il a publié. Au point de vue littéraire, ses Éloges de Blandin et d'A. Bérard peuvent être cités comme des modèles. Dans sa thèse inaugurale publiée en 1837, qui contient le résultat de recherches anatomiques sur divers points, on doit louer sans réserve son talent d'observation et la vérité de ses descriptions. L'étude des aponévroses pelviennes, consignée dans ce premier travail, est restée classique ; rien d'important n'a été ajouté depuis lors à la recherche anatomique et à la description de ces plans fibreux si complexes.

Les mêmes qualités distinguent la thèse de concours pour l'agrégation (1839), sur les cas

______

(1) *Mémoires de la Société de chirurgie*, t. IV, page 9.

qui indiquent l'application du trépan aux os du crâne ; la thèse de concours pour le professorat (1846), sur les deux systèmes musculaires ; le mémoire sur les corpuscules gangliformes connus sous le nom de corpuscules de Pacini.

Je ne veux qu'indiquer la collaboration active de M. Denonvilliers au *Dictionnaire des études médicales pratiques*. Dans ce recueil, que les contemporains appelaient familièrement : le *Dictionnaire des jeunes talents*, en raison du mérite des jeunes auteurs qui y collaboraient, M. Denonvilliers a écrit les articles : Abcès, aponévrose, coxalgie, maladies des os du crâne.

Des ouvrages de longue haleine mettent encore plus en relief les qualités qui distinguent M. Denonvilliers. En 1842 parut : la *Description des os malades du musée Dupuytren*, ouvrage publié par les soins et aux frais de la Faculté sous le décanat d'Orfila ; la partie de l'ouvrage dont l'exécution avait été confiée à M. Denonvilliers forme un volume in-8° de 658 pages, accompagné d'un atlas de 18 planches. 500 pièces d'anatomie pathologique y sont décrites avec un soin et une précision extrêmes. M. Denonvilliers ne s'est pas contenté de décrire les pièces, mais il les a étudiées, déterminées, classées et groupées avec méthode.

L'œuvre principale à laquelle doit rester attaché le nom de M. Denonvilliers est le *Compendium de chirurgie*. Ce n'est pas ici le lieu de parler longuement de cet ouvrage excellent, véritable monument chirurgical dont il faut vivement regretter l'inachèvement. Ses trois volumes contiennent des descriptions que l'on peut citer comme des modèles et des préceptes chirurgicaux de premier ordre. Plusieurs de ses descriptions ont la valeur de véritables monographies ; tel est, par exemple, le remarquable chapitre sur l'autoplastie. Mais ce n'est pas, je le répète, devant l'assemblée qui m'écoute que j'ai à parler avec détails de ce que chacun de nous a tant de fois apprécié.

Le *Compendium de chirurgie* doit beaucoup à M. Denonvilliers. Il nous apprend lui-même, dans l'éloge de A. Bérard, comment se répartissait le travail entre les deux collaborateurs. Il n'y avait pas, entre eux, partage d'attribution, mais fusion du travail. Bérard préparait les articles, jetait ses idées sur le papier, fournissait, sinon une rédaction complète, au moins une esquisse très-détaillée des articles en cours de publication. M. Denonvilliers était chargé de la rédaction définitive, de la mise en ordre des matériaux préparés. Au point de vue de la rédaction, les deux premiers volumes de ce livre sont de M. Denonvilliers.

Cette œuvre considérable convenait bien à son esprit méthodique. A. Bérard, qui en avait eu la pensée, n'avait pas voulu l'entreprendre sans le concours de son ami : il savait apprécier sa compétence toute spéciale pour la rédaction d'un traité didactique.

L'esprit et les méthodes anatomiques dominent dans le *Compendium* ; mais, dans le plan général de l'ouvrage comme dans celui de chacune de ses parties, les auteurs ont su, grâce à un sage éclectisme, décrire chaque chose en son rang et lui conserver sa valeur propre. Une classification systématique n'aurait pu convenir à un esprit aussi juste et aussi droit que celui de M. Denonvilliers. A cet égard, comme en toute chose, il se trouvait en communauté parfaite de sentiments avec A. Bérard. Cet accord dans les mêmes vues s'est heureusement perpétué lorsque notre savant et aimé collègue M. Gosselin devint, dès la huitième livraison, le collaborateur assidu de M. Denonvilliers.

Dans le discours préliminaire qui sert de préface à son *Traité d'anatomie descriptive*, Bichat recherche, dans des pages aussi remarquables par l'élévation de la pensée que par la richesse des images et la beauté du style, quelle est la méthode scientifique la plus avantageuse à suivre dans les œuvres descriptives. Il la définit en disant : « La méthode, dans les sciences, est le lien qui attache celui qui apprend à celui qui démontre ; c'est un point d'appui commun qui soutient l'attention de l'un et la mémoire de l'autre : elle double l'intelligence du premier et multiplie la fécondité du second. »

Ce point d'appui commun qui soutient l'attention de celui qui apprend et la mémoire de celui qui démontre, M. Denonvilliers l'offrait, nous le savons, aux auditeurs de ses cours. Il en fait profiter avec tout autant de bonheur ceux qui lisent ses descriptions. Notre collègue possédait, à cet égard, toutes les qualités de l'esprit français, dont tant de maîtres éminents ont fait preuve dans leurs ouvrages. Le genre descriptif a deux écueils également à craindre : d'un côté les détails superflus, de l'autre la concision exagérée. C'est entre ces deux extrêmes que se trouve le bien, et c'est en se tenant à une égale distance de tous les deux que se rencontre le véritable mode de l'enseignement. Ces réflexions, qui appartiennent encore à Bichat, sont parfaitement applicables au talent descriptif de M. Denonvilliers. Il a su toujours conserver la mesure, sans laquelle cesse bientôt d'exister l'accord si nécessaire entre celui qui apprend et celui qui démontre.

Vous me pardonnerez, Messieurs, d'insister avec quelque complaisance sur ces intéressants sujets ; nous y retrouvons non-seulement la marque de l'esprit si distingué de notre collègue, mais la forte empreinte du génie de notre race. N'est-ce pas une des raisons qui permettent bien souvent à la science française de généraliser et de mettre en lumière des principes et des faits, que la profonde analyse de ces hommes laborieux, que nous ne pouvons plus appeler nos voisins d'Outre-Rhin, n'élucide pas toujours ?

A son amour de l'ordre méthodique, M. Denonvilliers joignait un désir non moins grand de mettre au service de sa pensée, la plus grande correction du style. Notre collègue n'a jamais su produire hâtivement des pages imparfaites. Il s'attardait dans cette recherche du mieux, et souvent aussi paralysait la laborieuse bonne volonté de ses collaborateurs. Il savait reconnaître que ce qui était imprimé sans sa participation méritait de tous points la plus complète estime, mais ne résistait pas à la tentation de modifier, et quelquefois de refondre les manuscrits qui lui étaient confiés.

Cette disposition intellectuelle a été remarquablement définie par La Bruyère (1) : « La même justesse d'esprit qui nous fait écrire de bonnes choses, nous fait appréhender qu'elles ne le soient pas assez pour mériter d'êtres lues. » Si l'on admet encore, avec cet illustre et profond penseur, « qu'entre les différentes expressions qui peuvent rendre une seule de nos pensées, il n'y en a qu'une qui soit la bonne ; qu'on ne la trouve pas toujours en parlant ou en écrivant, qu'il est vrai néanmoins qu'elle existe, et que tout ce qui ne l'est point, est faible, et ne satisfait point un homme d'esprit qui veut se faire entendre ; » on comprendra qu'avec ces dispositions, une intelligence, même supérieure, ne puisse produire tout ce que l'on s'était cru en droit d'en espérer.

M. Denonvilliers n'aurait d'ailleurs jamais voulu admettre : « qu'il n'est pas si aisé de se

(1) La Bruyère. *Des ouvrages de l'esprit.*

faire un nom par un ouvrage parfait, que d'en faire valoir un médiocre, par le nom que l'on s'est déjà acquis (1). » Notre collègue n'aima jamais à prouver sa supériorité que par les épreuves publiques, par son enseignement, et par les travaux didactiques dont nous venons de parler. Il n'aimait pas les journaux, et s'éloignait de tout ce qui ressemblait au bruit. Sa vie scientifique et professionnelle a même été empreinte d'une véritable austérité.

Opérateur hors ligne, il a cependant été peu connu du public : il n'aimait point à faire la clientèle de tous les jours, mais il s'attachait à un certain nombre de malades, qui devenaient ses amis. A l'hôpital, il avait souvent eu l'occasion de montrer que le talent opératoire, dont il avait donné tant de preuves pendant le cours de son long enseignement à l'École pratique, savait se prêter, avec le même succès, aux difficultés que fait rencontrer à chaque pas l'exercice de la chirurgie. Suppléant du professeur Roux, il faisait à l'Hôtel-Dieu, de 1842 à 1844, des leçons cliniques fort appréciées. Devenu chef de service, M. Denonvilliers ne se livra pas à l'enseignement clinique. Mais il aimait, lorsque ses élèves l'y provoquaient, à fournir sur les sujets qui attiraient leur attention les explications les plus instructives ; il le faisait avec une parfaite bienveillance. Dans la pratique des opérations, il sut toujours unir la sagesse à l'habileté ; il opérait avec lenteur, mais avec une précision et une sûreté parfaites.

M. Denonvilliers n'était pas de ces hommes que leur habileté entraîne au-delà des limites de la prudence. Il ne se décidait souvent qu'avec difficulté à entreprendre des opérations, et, dans les dernières années de son exercice, les occupations régulières de l'hôpital lui étaient devenues pénibles.

Ses opérations autoplastiques sont restées justement célèbres. M. Denonvilliers s'est spécialement occupé de la réparation de ces affreuses difformités qui résultent de la destruction ou du renversement des paupières. Les garanties que donnent à la réussite de ces belles opérations les perfectionnements apportés par notre collègue resteront comme un de ses plus beaux titres chirurgicaux. C'est à la Société de chirurgie que M. Denonvilliers a exposé pour la première fois sa méthode opératoire. A cette époque, 13 février 1856, il amenait dans cette enceinte une de ses opérées, qui offrait un des spécimens les plus remarquables des succès que peut donner, entre des mains habiles, un ensemble d'opérations bien conçues.

Ce n'est pas, en effet, par une seule opération, ce n'est pas non plus en un court espace de temps, que peuvent être reconstruits ces voiles mobiles si nécessaires à la protection de l'œil et à la régularité du visage. Le procédé par *pivotement*, imaginé par M. Denonvilliers, combiné avec l'occlusion temporaire des paupières, dont l'idée et la première exécution appartiennent à l'un de nos membres correspondants les plus justement renommés, M. Mirault, d'Angers, constituent les facteurs à l'aide desquels on doit aujourd'hui entreprendre la reconfection des paupières. La méthode de M. Denonvilliers a fourni à l'un de ses meilleurs élèves, M. le docteur H. Cazelles, de Nîmes, le sujet de sa dissertation inaugurale. C'est dans ce mémoire important, imprimé en 1860, que se trouvent pour la première fois publiées les observations de M. Denonvilliers, et que sa méthode opératoire est exposée dans son ensemble et dans ses détails. Ce qui ne se trouve pas dans ce travail, et ce qui ne pouvait pas y figurer, puisqu'il était soutenu devant la Faculté sous la présidence de M. Denonvilliers, c'est

(1) La Bruyère. *Loc. cit.*

l'expression du sentiment qu'ont éprouvé tous ceux qui assistaient à ces belles opérations. M. Denonvilliers exécutait l'autoplastie avec une grâce parfaite, on eût dit qu'il dessinait ; chaque temps de l'acte opératoire, conduit avec une méthodique lenteur, arrivait à son but, sans qu'aucun accident vînt en compromettre la savante harmonie.

A l'époque même où ces occupations chirurgicales captivaient notre collègue en raison des difficultés de leur exécution et des perfectionnements dont elles étaient susceptibles, M. Denonvilliers était appelé à occuper une grande situation universitaire. Par décret du 7 décembre 1858 (1), il était nommé inspecteur général de l'Instruction publique pour l'ordre de la médecine, et appelé à siéger au conseil supérieur de l'Instruction publique.

C'est en cette qualité que M. Denonvilliers a pu intervenir de la manière la plus active et la plus efficace dans la discussion et l'application de mesures consacrées au perfectionnement de l'enseignement médical. Les principales sont : l'institution de l'École de santé militaire, établie près de notre ancienne Faculté de Strasbourg ; la réorganisation des études et l'institution officielle des conférences dans les Écoles préparatoires de médecine ; la critique et la révision des programmes d'études, ramenés à un type aussi uniforme que possible ; l'organisation nouvelle du stage dans les hôpitaux, imposé aux étudiants des Facultés et des Écoles ; enfin, et surtout, le rétablissement du baccalauréat ès lettres comme condition préliminaire indispensable des études médicales pour le doctorat. Cet acte réparateur assurait l'avenir et la dignité de la profession médicale, il obtint l'approbation unanime des médecins français ; les lettres chaleureuses de remerciements adressées à M. Denonvilliers par les Sociétés médicales et par plusieurs médecins, sont précieusement conservées par sa famille. Ces remerciements si justement mérités étaient la meilleure récompense que pût ambitionner M. Denonvilliers. Il est nécessaire de consulter les documents officiels rendant compte des séances du Conseil pendant le mois de juin 1858, pour avoir une juste idée de la part prépondérante qui revient à M. Denonvilliers. Ces documents, que nous avons sous les yeux, nous font retrouver dans les diverses allocutions prononcées par notre collègue toutes les qualités que nous lui avons connues ; ils nous le montrent avec cette volonté résolue qu'il savait apporter au service de ses convictions.

Nous sommes loin des luttes ardentes qui éclatèrent entre les médecins et les chirurgiens, lorsque fut donnée à Versailles, le 23 avril 1743, la déclaration royale qui rendait obligatoire pour les chirurgiens le grade de *maître ès arts*. Mais notre souvenir s'y reporte naturellement, car il ne peut pas être sans intérêt de rappeler devant une assemblée de chirurgiens, quelle fut l'influence exercée sur les progrès de notre art par cette décision, qui, d'une manière définitive, ordonnait que l'on ne pourrait à l'avenir exercer la chirurgie dans Paris, sans y avoir été préparé par l'*étude des lettres*.

Il faut bien le dire, c'est à l'oppressive rivalité des médecins, et d'ailleurs à leur requête, que les chirurgiens avaient dû leur exclusion de l'Université, prononcée le 7 février 1660. Par un retour bizarre des choses humaines, c'est un chirurgien qui devait rendre, en 1858, à la profession tout entière, le privilége qu'une déplorable mesure universitaire lui avait enlevé en 1852. Cette juste revanche que le sort réservait aux chirurgiens, par l'intermédiaire de notre

(1) M. Denonvilliers avait tout d'abord été délégué dans ces fonctions par décret du 22 mai 1858.

éminent collègue, a du moins ce généreux caractère de confraternité, qui résulte de l'union s complète des deux parties autrefois rivales du corps médical.

Lorsque les médecins profitèrent de la malheureuse réunion des chirurgiens aux barbiers, que le contrat d'union du 1er octobre 1655 avait définitivement consacrée, pour obtenir que les chirurgiens fussent exclus de l'Université, ceux-ci étaient, depuis longues années, en possession des priviléges attachés aux grades universitaires. Tous les chirurgiens du collége de Saint-Côme étaient gens de lettres, car, suivant leurs statuts, ils devaient savoir la langue latine, et subir des examens sur des matières de physique. La plupart d'entre eux étaient, de plus, maîtres ès-arts, et ce grade, en vertu de l'indult de Grégoire XIII, daté de 1579, permettait de recevoir du chancelier de l'Université *la bénédiction apostolique et la licence d'enseigner la chirurgie* (1).

La force des choses avait empêché que, malgré leur exclusion de l'Université, les chirurgiens cessassent d'enseigner les préceptes d'un art sur lesquels leurs adversaires de la Faculté ne pouvaient posséder que des notions théoriques. Néanmoins une décadence rapide avait été l'inévitable résultat de l'union aux chirurgiens lettrés de Saint-Côme, des barbiers dépourvus de toute éducation littéraire.

La fondation de cinq places de démonstrateurs en chirurgie, qui furent créées par un édit donné à Fontaibleau, au mois de septembre 1724, la fondation de l'Académie royale de chirurgie, dont la première séance eut lieu le 10 décembre 1731, avaient déjà porté remède à ce fâcheux état de choses. Ce ne fut cependant que l'acte du 23 avril 1743 qui le fit définitivement cesser. La déclaration du roi, *qui rétablit les chirurgiens de Paris dans l'état où ils étaient avant l'année* 1655, vise surtout, dans de remarquables considérants, dignes de d'Aguesseau qui les rédigea, la nécessité d'une éducation littéraire capable de mettre les élèves à même d'entrer dans les Écoles de chirurgie, avec la préparation nécessaire pour pouvoir profiter pleinement des instructions qu'ils y reçoivent. « Nous avons reçu favorablement, dit le roi dans sa déclaration, les représentations qui nous ont été faites par les chirurgiens de notre bonne ville de Paris, sur la nécessité d'exiger la qualité de maîtres ès-arts de ceux qui aspirent à exercer la chirurgie dans cette ville, afin que, leur art étant porté par ce moyen à la plus grande perfection possible, ils méritent également par leur science et par leur pratique d'être le modèle et le guide de ceux qui, sans avoir la même capacité, se destinent à remplir la même profession dans les provinces et dans les lieux où il ne serait pas possible d'établir une semblable loi. »

Le premier article de cette importante déclaration est ainsi conçu : « Aucun de ceux qui se destinent à la profession de la chirurgie, ne pourra, à l'avenir, être reçu maître en chirurgie pour l'exercer dans notre bonne ville et faubourgs de Paris, s'il n'a obtenu le grade de maître ès-arts dans quelqu'une des Universités approuvées de notre royaume, et s'il ne justifie préalablement de cette qualité par la représentation de ses lettres expédiées en bonne forme, auxquelles seront annexées ses attestations de temps d'étude. Voulons qu'il soit fait mention, tant desdites lettres de maître ès-arts, que desdites lettres de maître chirurgien qui lui seront accordées ; le tout à peine de nullité de sa réception et des lettres obtenues en conséquence. »

(1) Jourdain. *Histoire de l'Université de Paris.*

La loi était formelle, et désormais les chirurgiens n'avaient plus seulement la licence d'obtenir des grades universitaires, ils y étaient obligés. L'importance de cette mesure n'échappa ni aux chirurgiens, ni aux médecins. Ceux-ci se sentaient atteints dans leur sentiment le plus cher, celui de leur domination jusqu'alors toute-puissante. Leur irritation se donna cours dans une suite de mémoires, de volumes, de libelles, dont l'imposante collection a été soigneusement conservée (1). Ils essayèrent même d'en appeler aux tribunaux. La Peyronie avait été l'instigateur de la déclaration si attaquée, et c'est grâce au crédit dont il jouissait auprès de Louis XV, que l'édit avait été rendu. Aussi, dans l'Éloge de ce grand bienfaiteur de la chirurgie, prononcé par Quesnay devant l'Académie, est-il fait allusion aux procès intentés aux chirurgiens. « Pendant le cours de ce procès, dit Quesnay, on publia de part et d'autre des écrits en tout genre, et, suivant le caractère de la nation, on s'étudia à se donner des ridicules. Des chirurgiens apprendre le latin ! Leurs adversaires trouvèrent la chose fort plaisante. Ils l'apprennent néanmoins, ils soutiennent aujourd'hui des actes publics en latin, et quelques-uns même s'en sont tirés avec un art infini (2). Le singulier a disparu, et l'utile est resté (3). »

La reconnaissance des chirurgiens pour les bienfaits dont François de La Peyronie avait comblé leur corporation, est très-vivement exprimée dans cet Éloge. Elle était non moins vive à l'égard du roi, si nous pouvons en juger par cette phrase pompeusement élogieuse, qui termine la préface du second volume des *Mémoires de l'Académie*, publié en 1753 : « La chirurgie de Paris, y est-il dit, est, à l'égard du roi, ce qu'un arbre est vis-à-vis du soleil ; les fruits qu'il produit sont essentiellement dus aux influences de l'astre bienfaisant, et l'Académie les cueille pour l'humanité, lorsqu'elle les croit mûrs. »

Les chirurgiens surent, fort heureusement, mieux prouver par leurs travaux que par leurs phrases, l'importance des mesures prises en leur faveur ; il nous est permis de dire que, depuis cette mémorable époque, les progrès de la chirurgie française ne se sont pas un instant ralentis.

L'importance de la cause défendue et gagnée par M. Denonvilliers, devant le Conseil supérieur de l'instruction publique, touchait non-seulement à l'un des côtés les plus intimes de notre histoire, mais elle était nécessaire à notre entière considération. Si nous pouvions en douter, ne serions-nous pas convaincus, après avoir entendu ce que disait un éminent ministre de l'instruction publique (4) à l'ouverture du Congrès médical de France en 1845. « Le corps médical a un triple caractère, c'est ce qui fait sa forte situation dans la Société : il n'y a que le médecin qui, avant de lui apporter ses secours et le fruit de ses pénibles travaux, ait demandé trois sanctions : l'une aux lettres, l'autre aux sciences, la troisième à la Faculté spéciale devant laquelle il a terminé ses études. Tous les autres services de l'État se contentent à moins. Comment, avec de tels titres, s'étonner du rang qu'il occupe parmi nous ? » Pour se maintenir dignement à ce rang élevé, ne faut-il pas, ainsi que le

---

(1) Collection de la Bibliothèque nationale.

(2) Ce fut Antoine Louis qui soutint devant le Collège de chirurgie la première thèse latine, pour se conformer au nouveau règlement.

(3) *Mémoires de l'Académie de chirurgie*, t. II.

(4) M. de Salvandy.

déclarait M. Denonvilliers devant le Conseil supérieur de l'instruction publique, que : « par la culture assidue des lettres, le médecin élève à la fois ses sentiments et son esprit, qu'il puise, dans un commerce intime avec les plus beaux génies des grandes époques littéraires, cette délicatesse de langage, ce tact et cette réserve qui lui sont également nécessaires dans le monde et près du lit du malade. »

Appelé, par une des parties les plus importantes de ses fonctions d'inspecteur, à visiter les Écoles secondaires de médecine, M. Denonvilliers put bientôt se rendre compte des services que ces Écoles rendent à l'enseignement médical; il devint leur partisan résolu. Chaque année, il recommençait avec une véritable satisfaction des voyages universitaires, qui le mettaient en rapport avec l'élite du corps médical de nos départements. Il aimait à voir à l'œuvre ces hommes aussi modestes qu'utiles, aussi éclairés que dévoués, dont la mission s'accomplit sans bruit, mais dont l'exemple et l'enseignement sont fidèlement conservés comme l'un des meilleurs souvenirs, par ceux qui, au seuil de la carrière, ont été guidés par eux. La Société de chirurgie, grâce à ses correspondants nationaux, apprécie chaque jour les services rendus à la science par les membres qu'elle compte parmi les chirurgiens de nos départements.

M. Denonvilliers se retrouvait presque en famille chez ses collègues, dont la vie et les coutumes pleines de simplicité lui rappelaient ses propres habitudes. Revenu près des siens, il aimait à faire le récit des incidents de ses voyages; causeur spirituel, élégant, aimable, il racontait avec une charmante bonhomie. Souvent ses causeries avaient pour objet les plaisirs de son enfance, les travaux de sa jeunesse; il n'oubliait pas les brillants succès que lui valait son habileté dans le tir de l'arc.

On apprenait près de lui, qu'il existe en France une *chevalerie de l'Arc*, et que l'*Archerie* française étend ses compagnies et ses familles sur toute l'étendue du territoire; que cette association possède un journal hebdomadaire : *le Vrai Chevalier*, qui rend régulièrement compte des hauts faits de ceux de ses membres qui se distinguent dans l'art de lancer les flèches et s'occupe des intérêts généraux de l'association. Les statuts et règlements de la Chevalerie de l'Arc ne comprennent pas moins de 270 articles; ils sont précédés d'une introduction historique, et ce livre est signé par Charles Denonvilliers, président du Conseil supérieur de la famille de Paris, empereur de la compagnie impériale. Votre collègue, vous le voyez, messieurs, était parvenu aux dignités suprêmes. Il ne les devait qu'à son mérite, car on ne devient empereur dans la Chevalerie de l'Arc, que si l'on abat l'oiseau trois années de suite dans la même compagnie.

Dans ces exercices, où il avait aussi voulu atteindre la perfection, dans ces douces causeries, dans un cercle formé de sa famille et de quelques amis, s'écoulaient les moments les meilleurs de la vie de M. Denonvilliers. Son mariage l'avait fait entrer dans une famille scientifique, dont le chef, M. Cordier, jouissait, comme professeur au Muséum, et comme membre de l'Académie des sciences, de la plus haute estime. Trois enfants, nés de ce mariage, grandissaient dans ce milieu, dans l'intimité duquel on ne prénétrait pas facilement, mais où l'on trouvait une chaleur d'amitié que n'aurait pas fait pressentir l'aspect souvent froid et toujours réservé de celui qui en était l'âme.

Les succès et les honneurs de la carrière de M. Denonvilliers avaient dépassé ce qu'il avait ambitionné ; parvenu par son rare mérite au sommet de la profession médicale, il désirait que son fils marchât dans la voie qu'il avait ouverte. Il savait que, même pour les plus favorisés de notre profession, la fortune vend toujours ce qu'on croit qu'elle donne. « C'est une rude tâche que celle de se faire un nom, et il n'y a que le petit nombre à qui soit réservée une telle destinée. » Il le savait, et du haut de la chaire de l'École, il rappelait par cette phrase aux élèves qui l'écoutaient, à quel prix la renommée vend ses faveurs, et il ajoutait : « Mais ce qui est à la portée de tous, ce que chacun peut ambitionner, c'est de se concilier, dans le cercle modeste où doit se passer sa vie, l'estime et la considération générales. »

Son fils avait toutes les aptitudes qui permettent de compter sur une carrière brillante ; par les principes et l'éducation reçus, il avait la certitude de conquérir l'estime et la considération générales. Déjà, la douce et franche nature de Paul Denonvilliers lui avait fait compter autant d'amis que de camarades. Trois années d'études accomplies avec succès autorisaient les plus légitimes espérances. Ah ! s'il est dur de se faire un nom, combien doit-il être cruel de ne pouvoir le transmettre à son fils ! Quel sombre chagrin doit envahir le cœur d'un père, qui, pendant les labeurs d'une vie bien remplie, s'est reposé dans la pensée de voir revivre dans son fils le nom qu'il a honoré, de lui voir suivre les exemples qu'il a donnés, lorsqu'au lieu de guider son enfant dans la vie, il n'a plus qu'à le conduire à sa demeure dernière. Le dimanche 11 septembre 1864, un cercueil que vous vous souvenez d'avoir suivi avec douleur, emportait toutes les espérances de M. Denonvilliers.

Notre collègue devait mettre huit années à mourir. Toute occupation lui était devenue une fatigue, et c'est vainement qu'il lutta, par la résignation, contre le découragement. Bientôt des malaises vagues l'envahirent, et, après diverses manifestations arthritiques, il se plaignit d'un peu d'essoufflement. Aussi renonça-t-il, après l'avoir un moment désirée, à la chaire de clinique que la Faculté était prête à lui accorder. Souvent il ressentait des palpitations, mais rien n'avait encore confirmé les craintes d'une affection du cœur, lorsqu'un malheur imprévu et aussi terrible vint de nouveau le frapper : sa fille aînée mourait subitement.

Après les angoisses de cette nouvelle douleur, M. Denonvilliers fut pris de battements du cœur rapides, violents, et bientôt d'infiltration des membres inférieurs. C'est un de ses camarades de promotion d'internat qu'il appela près de lui, et notre savant collègue, M. Marotte, lui prodigua dès lors ses soins éclairés. Cependant, après diverses péripéties, on avait pu obtenir du mieux. Quelques sorties étaient devenues possibles, les beaux jours de juin les favorisaient, M. Denonvilliers avait même reparu aux réunions de la Faculté et de l'Académie. Le 5 juillet 1872, il se préparait à sortir, lorsqu'en présence de son gendre et d'un de ses élèves, il s'écria tout à coup : « Quelle affreuse crise je sens au cœur ! » puis il tomba sans connaissance, il était mort. La mort le terrassait sans le surprendre, il l'attendait depuis longtemps ; il avait trop bien su vivre pour ne pas être prêt à mourir.

M. Denonvilliers laisse après lui une réputation intacte. Chirurgien de premier ordre, professeur remarquable, écrivain clair et correct, il a su mettre en pratique, enseigner et traduire dans un style élégant, les travaux de nos devanciers et de nos contemporains. Il cherchait le vrai encore plus que le nouveau qu'il a plus d'une fois rencontré ; il savait donner à la vérité la forme la plus saisissante et la plus propre à la faire comprendre. Vulgarisateur éminent, il a toujours voulu, dans son enseignement oral et dans son enseignement écrit, maintenir le s grandes traditions de l'art. C'est un classique dans la meilleure et la plus large acception du mot.

Il n'était pas de ceux qui, n'épargnant rien dans le passé, attendent tout de l'avenir. L'ingratitude envers le passé le révoltait, et il était sévère pour ces impatiences d'esprit qui font prendre le nouveau pour le progrès. Il a pu, par cela même, être conduit à ne pas toujours encourager, à ne pas toujours juger favorablement les tentatives des chercheurs ; mais rien ne serait plus injuste que de dire qu'il les a dédaignées et qu'il les repoussait. Les jeunes gens de mérite avaient toute sa sympathie et jamais son envie. Il aimait trop la perfection pour ne pas comprendre le progrès. Mais, sévère pour lui-même, ferme dans ses idées, toujours prêt à défendre ses opinions et à en accepter les conséquences, il avait acquis le droit de montrer pour les autres un peu de la sévérité qu'il avait pour lui-même.

Sans avoir le dédain de la science étrangère, il avait le culte de la science française. La chirurgie de notre pays était à ses yeux la meilleure ; il le disait avec la franchise sincère dont il avait en toute chose la rigide habitude. Il en fut à coup sûr l'un des représentants les plus accomplis.

M. Denonvilliers n'a pas subi de grands entraînements et il n'en a pas provoqué. C'est le sort un peu ingrat auquel doivent se résigner ceux qui estiment qu'il faut bien des fois regarder en arrière avant de s'élancer en avant. Mais les convictions honnêtes et fortes touchent la jeunesse, à l'égal des plus belles manifestations de ces esprits d'élite, qui lui apportent le progrès. Les jeunes générations auxquelles il est réservé de pénétrer dans le noir avenir, voudront, comme M. Denonvilliers, qu'il soit d'abord éclairé par les exemples et les saines traditions de ceux qui ont fait la grandeur du passé.

Paris. — Typographie Félix Malteste et Cᵉ, rue des Deux-Portes-Saint-Sauveur, 22.